D-L GOE

D-L GOE

Multilingual Edition

I. L. CARAGIALE

Janice Johnson, Laura Zucca, Lara Dimulescu, Tuukka Tuomasjukka, Cíes González Suárez

Artemira Publishing

Contents

D-l Goe

Pentru ca tânărul Goe să nu mai rămână repetent și anul acesta, mam' mare, mamițica și tanti Mița i-au promis să-l ducă în capitală de Ziua Națională.

Dimineața devreme, cele trei doamne, frumos îmbrăcate, împreună cu tânărul Goe, așteaptă cu multă nerăbdare trenul. Trenul va ajunge în Gara de Nord la opt fără zece a.m. D-l Goe este foarte agitat.

— Mam' mare! De ce nu mai vine? Eu vreau să vină!

— Vine, vine imediat, puișorul meu! răspunde cucoana.

Apoi își sărută nepoțelul și îi potrivește pălăria.

Tânărul Goe poartă un costum frumos de marinar. Pălăria sa are o panglică, iar sub panglică tanti Mița i-a pus biletul de călătorie. I-a explicat că „așa țin bărbații biletul."

— Vezi ce bine arată cu costumul de *marinel*? zice mam' mare.

— Mamițo, nu ți-am spus că nu se zice *marinel*?

— Dar cum?

— *Marinal...*

— Ei! Așa se zicea pe vremea mea, când a apărut această modă la copii — *marinel*.

— Vezi că sunteți proaste amândouă? le întrerupe tânărul Goe. Nu se zice nici *marinal*, nici *marinel*.

— Dar cum, istețule? întreabă tanti Mița cu un zâmbet simpatic.

— *Mariner...*

— Păi da, n-a învățat toată lumea carte ca dumneata! zice mam' mare.

Apoi își sărută iar nepoțelul și îi potrivește din nou pălăria de marinar. Dar nu mai e timp pentru discuții. Sosește trenul și nu stă mult.

Trenul este plin... Niște tineri politicoși fac loc doamnelor să se așeze. Trenul a pornit. Goe nu vrea să intre în compartiment cu cucoanele, ci vrea să stea pe coridorul vagonului cu bărbații.

— Nu!... Nu e voie să scoți capul pe fereastră, mititelule! îi zice unul dintre tineri lui Goe și-l trage puțin înapoi.

— Ce treabă ai tu, urâtule? zice mititelul, smucindu-se.

Goe se strâmbă la urâtul și scoate iar capul afară. Urâtul nici nu apucă să-i răspundă, că băiatul își retrage îngrozit capul gol înăuntru și începe să strige.

— Mamițooo! Mam' mareee! Tantiii!

— Ce e? Ce e? sar cucoanele.

— Să oprească trenul! strigă și mai tare Goe. Mi-a zburat pălăria! Să opreascăăăă!!!

Tot atunci, conductorul sosește să vadă cine a urcat la ultima stație.

— Biletele, domnilor!

Cucoanele arată conductorului biletele lor. Apoi îi explică de ce Goe nu are bilet. Biletul lui era în panglica pălăriei. Și dacă a zburat pălăria, a zburat cu panglica și cu biletul. Dar Goe avea bilet...

— Vă spun cinstit, chiar eu l-am cumpărat! zice tanti Mița.

Conductorul însă le cere biletul hotărât. Dacă nu, la stația următoare, trebuie să-l dea jos pe d-l Goe. Așa scrie în regulament. Și mai primește și amendă.

— Cu ce e vinovat băiatul, dacă i-a zburat pălăria? întreabă mam' mare.

— De ce a scos capul pe fereastră? Eu i-am spus să nu scoată capul pe fereastră! zice urâtul cu ciudă.

— Nu-i treaba dumitale! De ce te amesteci dumneata? îi zice tanti Mița urâtului...

— Uite, cucoană — explică conductorul — trebuie să plătiți un bilet.

— Să mai plătim? N-am plătit deja o dată? întreabă mam' mare.

— Și pe lângă bilet, amenda.

— Amenda?...

— Vezi, dacă nu te liniștești? zice mamița, și-l zguduie pe Goe de mână.

— Ce faci? Ești nebună? Nu știi ce sensibil e? zice mam' mare.

Mamița îl trage pe Goe spre ea. Dar cum vagonul este în mișcare, Goe își pierde echilibrul și se lovește cu nasul în clanța ușii. Începe să urle...

Femeile nu au ce să facă și plătesc biletul. Însă Goe nu rămâne cu capul gol. Mam' mare are întotdeauna multă grijă de el. I-a adus de acasă o beretă în plus. Este o beretă la fel ca pălăria pierdută.

— Te mai doare nasul, puișorule? întreabă mam' mare.

— Nu... răspunde Goe.

— Vino, să te pupe mam' mare, că trece!

Și-l pupă în vârful nasului. Apoi, îi așează frumos bereta pe cap.

— Parcă-i stă mai bine cu această beretă!... zice mam' mare privindu-l cu dragoste. Apoi îl sărută dulce.

— Cu ce nu-i stă lui bine? adăugă tanti Mița. Apoi îl sărută și dumneaei.

— Ei, haide! A pierdut pălăria nouă... și biletul, zice mamița, prefăcându-se foarte supărată.

— Contează să fie el sănătos! zice mam' mare.

Mamița continuă:

— Dar pe mamițica n-o pupi?

— Pe tine nu vreau! zice Goe glumeț.

— Așa? zice mamița. Lasă! Și-și acoperă ochii cu mâinile și se preface că plânge.

— Știu eu că te prefaci! zice Goe.

Mamița începe să râdă. Apoi scoate din săculeț ceva și zice:

— Cine mă pupă... Uite!... Ciocolată!

Mamița îl pupă pe Goe, Goe pe mamița și, luând bucata de ciocolată, băiatul iese iar pe coridor.

— Puișorule, nu mai scoate capul pe fereastră!

Pe când Goe își mănâncă afară ciocolata, cucoanele povestesc. Trenul aleargă în continuare.

— Ia mai vezi ce face băiatul afară! zice mamița către mam' mare.

Mam' mare se ridică cu greu și se duce în coridor:

— Goe! Puișorule! Goe! Goe!

Goe nu e nicăieri.

— Vai de mine! țipă cucoana. Nu-i băiatul! Unde e băiatul?... A dispărut băiatul!

Și toate cucoanele sar...

— A căzut din tren băiatul! Vai de mine, mor!

Dar deodată, cu tot zgomotul trenului, se aud bubuituri în ușa toaletei.

— Goe! Ești acolo?

— Da.

— Haide! zice mam' mare. Ieși odată! Ne-ai speriat.

— Nu pot! zbiară Goe dinăuntru.

— De ce? Ți-e rău?

— Nu! Nu pot...

— E încuiat! zice mam' mare, încercând să deschidă ușa dinafară.

— Nu pot deschide! zbiară Goe disperat.

— Vai de mine! I se face rău băiatului înăuntru!

Chiar atunci sosește conductorul și îl eliberează pe Goe. Cucoanele îl sărută ca după o lipsă îndelungată.

Mam' mare se hotărăște că e mai bine să îl supravegheze pe Goe, ca să nu mai pățească ceva.

— Stai cuminte, puișorule! Să nu strici ceva! zice mam' mare...

Goe observă pe hol o bucată roșie de metal pe perete, în coridor. Are la capăt un mâner. Băiatul se urcă pe geamantan și trage de acel mâner.

Trenul își urmează drumul cu mare viteză. Dar deodată se aude un șuier, apoi semnalul de alarmă. Trenul se oprește brusc cu o zguduitură puternică.

— Ce e? Ce s-a întâmplat?

Toți pasagerii sar speriați la ferestre, la uși, pe scări...

— Goe! Puișorule! Goe! strigă tanti Mița și se grăbesc afară din compartiment.

Goe este pe coridor... De ce s-a oprit trenul?

Cineva, nu se știe din ce vagon, a tras semnalul de alarmă. Din ce vagon? Conductorul și șeful trenului cercetează fiecare vagon. Cine poate ghici în ce vagon era trasă manivela?

Ciudat! Tocmai în vagonul de unde a zburat mai devreme pălăria marinarului! Cine? Cine a tras manivela?

Mam' mare doarme în capătul vagonului cu puișorul în brațe. Nu se știe cine a tras manivela.

Trenul pornește din nou, în sfârșit, și ajunge în capitală cu o întârziere de câteva minute. Toată lumea coboară.

Mam' mare aranjează frumos bereta lui Goe. Îl privește duios, îl întreabă dacă-l mai doare nasul și îl sărută dulce.

Apoi cucoanele se urcă cu băiatul în trăsură și pornesc în oraș:

— Spre centru, birjar! Spre centru!...

Master Goe

In order for young Goe not to be held back a grade again this year, Grandma, Mommy and Aunt Miţa promised to take him to the capital on Independence Day.

Early in the morning, the three ladies, beautifully dressed, along with young Goe, wait impatiently for the train. The train will arrive at North Station ten minutes before eight a.m. Mr. Goe is very anxious.

— "Grandma! Why isn't the train coming? I want it to come!"

— "It'll come soon, my darling", the lady answers.

Then she kisses her grandson and adjusts the hat on his head.

Young Goe is wearing a nice sailor suit. His hat has a ribbon on it. Aunt Miţa placed Goe's train ticket under the ribbon. She explained "that's how men keep the ticket."

— "Do you see how good he looks with the *saileur* suit", says Grandma.

— "Mother, didn't I tell you it is not *saileur*?"

— "How is it said then?"

— "*Sailour...*"

— "Ha! That's how they called it in my day when this type of fashion appeared for children — *saileur*."

— "Do you see how silly you both are?" interrupts young Goe. "It's not pronounced *saileur* nor *sailour*."

— "But how then, little wise boy?" Aunt Mița asks with a sympathetic smile.

— "*Sailur...*"

— "Well, not everyone has received an education like you!" says Grandma.

Then she kisses her grandchild once more and fits his sailor hat again. But there is no time for more debate, the train is pulling in and will not stay for long.

The train is full... Some polite, young people make room for the ladies to sit down. The train started to move. Goe does not wish to enter the compartment with the ladies, he wants to stand with the male passengers in the car's corridor.

— "No!... You are not allowed to stick your head out of the window, little boy", one of the young men says to Goe and pulls him slightly back.

— "What's it to you, you ugly?" says the little boy, pulling away.

Goe makes a face at the ugly man and sticks his head out again. Before the ugly man could reply, the boy withdrew his bare head inside terrified and started shouting.

— "Mommyyy! Grandmaaa! Auntieee!"

— "What? What?", the ladies intervene.

— "Stop the train!" Goe shouted even louder. "My hat flew away! Stop the train!!!"

In the meantime, the conductor arrives to see who got on the train at the previous station.

— "The tickets, gentlemen!"

The ladies show the conductor their tickets. They then explain why Goe doesn't have a ticket. His ticket was attached to the ribbon on his hat. Since his hat flew away, so did the ticket. But Goe did have a ticket...

— "I'm telling you honestly, I bought it myself!", says aunt Mița.

But the conductor firmly requests Goe's ticket. If he does not have one, Mr. Goe must get off at the next station. Those are the regulations. He'll also receive a fine.

— "What is the boy guilty of, if his hat flew away?", asks Grandma.

— "Why did he stick his head out of the window? I told him not to stick his head out of the window", says the ugly man with an ungentle look.

— "It's none of your business! Why are you interfering?" Aunt Mița replies to the man...

— "Look, lady, you will have to pay for a new ticket", explains the conductor.

— "Why should we pay again? Didn't we already pay once?" asks Grandma.

— "And in addition, the fine".

— "The fine?..."

— "See, this is what happens when you don't behave", says Mommy, and shakes Goe by his hand.

— "What are you doing? Are you crazy? Don't you know how sensitive he is?", says Grandma.

Mommy pulls Goe towards her. As the train-car is moving, Goe loses his balance and hits his nose on the doorknob. He starts screaming...

The ladies have no choice but to pay for the ticket. But Goe will not stay bareheaded. Grandma always takes great care of him. She brought the boy an extra beret from home. It's a similar beret, just like the one he'd lost.

— "Does your nose still hurt, darling?", Grandma asks.

— "No..." Goe replies.

— "Come, let Grandma give you a kiss, the pain will go away!"

And she kisses him on the tip of his nose. Then, Grandma places the beret nicely on his head.

— "He looks better with this beret!", says grandma, looking at him affectionately. Then she kisses him sweetly.

— "What doesn't look good on him?" Aunt Mița adds and gives him a kiss too.

— "Well, come on! He lost his new hat... and the ticket", says Mommy pretending to be very upset.

— "All that matters is that he's healthy!" says Grandma.

Mommy continues:

— "Won't you give Mommy a kiss?"

— "I don't want to!" Goe exclaims jokingly.

— "Is that so?", says Mommy. "So be it!" And she covers her eyes with her hands and pretends to cry.

— "I know you're pretending!", says Goe.

Mommy starts laughing. Then she takes something out of her bag and says

— "Who will give me a kiss... Look!... Chocolate!"

Mommy kisses Goe, and Goe kisses Mommy. And taking the piece of chocolate, the boy goes out into the corridor again.

— "Darling, don't stick your head out the window! Great thing, how smart he is!", says grandma.

— "It's really scary, on my word!", adds aunt Miţa.

While Goe eats his chocolate outside, the ladies continue chatting. The train keeps on running.

— "Check what the boy is doing outside!" Mommy says to Grandma.

Grandma gets up with difficulty and goes out into the corridor:

— "Goe! Darling! Goe! Goe!"

Goe is nowhere.

— "Oh my God!" the lady shouts. "The boy is nowhere! Where's the boy?... The boy is gone!"

And all the ladies rush out...

— "The boy fell off the train! Woe to me!"

But suddenly, with all the noise of the train, they hear banging coming from the toilet door.

— "Goe! Are you there?"

— "Yes."

— "Come out!", says Grandma. "Get out at once! You scared us."

— "I can not!", Goe cries from inside.

— "Why? Do you feel sick?"

— "No! I can not..."

— "It's locked!", says Grandma, trying to open the door from the outside.

— "I can not open it!" Goe shouted desperately.

— "Oh, my God! The boy is getting sick inside!"

Just then, the conductor arrives and frees Goe. The ladies kiss him as if it were after a lengthy absence.

Grandma decides that it is better to keep an eye on Goe so that nothing bad happens to him again.

— "Stay calm, darling! Don't break anything!", says Grandma...

Goe notices a piece of red metal hanging on the wall, in the hallway. It has a handle at the other end. The boy stands up on his suitcase and pulls the handle.

The train follows its course at high speed. But suddenly a loud hiss comes from outside, then they hear the alarm signal. The train halts abruptly with a loud jolt.

— "What is it? What happened?"

All the passengers go to the windows, to the doors, to the stairs...

— "Goe! Darling! Goe!", Aunt Mița shouts and rushes out of the compartment.

Goe is in the hallway... Why did the train stop?

Someone, it is not known from which car, pulled the emergency brake. From which car? The conductor and the head of the train inspect each car. Who can guess in which wagon the handle was pulled?

Strange! Exactly in the car from where the sailor's hat flew earlier! Who? Who pulled the handle?

Grandma sleeps at one end of the car with the boy in her arms. No one can know who pulled the handle.

The train finally resumes its course and arrives in the capital with a delay of a few minutes. Everyone gets off.

Grandma fits Goe's beret nicely. She looks at him with affection, asks him if his nose still hurts, and then kisses him sweetly.

Then the ladies and the boy get on a horse carriage and leave for the city:

— "To the city center, driver! To the city center!..."

Il Signorino Goe

Affinché il giovane Goe si impegni di più a scuola e non venga bocciato anche quest'anno, la nonna, la mamma e la zia Mița gli hanno promesso di portarlo nella capitale per la festa della Giornata Nazionale.

Di mattina presto, tutte e tre le donne, ben vestite, insieme al giovane Goe, aspettano con molta impazienza il treno. Il treno arriverà alla Stazione Ferroviaria Nord alle otto meno dieci del mattino. Il giovane Goe è molto impaziente.

— "Nonna! Perché il treno non arriva? Voglio che arrivi!"

— "Arriva, arriva presto, tesoro", risponde la donna.

Poi bacia suo nipote e gli sistema il cappello.

Il giovane Goe porta un bel completo da marinaretto. Il suo cappello ha un nastro, e sotto il nastro la zia Mița ha riposto il suo biglietto. Gli ha spiegato che "è così che gli uomini tengono i loro biglietti."

— "Vedi che bene che gli sta il il completo da marinetto?" dice la nonna.

— "Mamma, non ti ho detto che non si dice marinetto?"

— "Ma come si dice allora?"

— "Marettino..."

— "Dai! È così che si diceva ai miei tempi, quando questa moda è apparsa per i bambini: marinetto."

— "Vedete che sciocche siete tutte e due?" interrompe il giovane Goe. "Non si pronuncia né marinetto né marettino"

— "E allora come si dice, genietto?" chiede la zia Miṭa con un bel sorriso.

— "Merettinetto..."

— "Oh beh, non tutti hanno ricevuto un'educazione come la tua!" dice la nonna.

Poi bacia ancora una volta suo nipote e gli risistema il berretto da marinaio. Ma non c'è più tempo per discutere, il treno sta arrivando e non resterà a lungo.

Il treno è pieno... Alcuni giovani educati cedono il posto a sedere alle donne. Il treno è partito. Goe non ha voglia di entrare nello scompartimento con le donne, vuole restare sul corridoio del vagone, con gli uomini.

— "No!... non è permesso sporgere la testa dal finestrino, ragazzino!", dice uno dei giovani a Goe e lo tira un po' indietro.

— "Che ti importa, brutto antipatico?" dice il ragazzino, dimenandosi.

Goe fa una smorfia al brutto antipatico e sporge di nuovo la testa dal finestrino. Prima che il brutto antipatico possa rispondergli, il ragazzino rimette dentro con orrore la testa scoperta e inizia a urlare.

— "Mammaaaa! Nonnaaaa! Ziaaaa!"

— "Cosa c'è? Cosa c'è?" intervengono le donne.

— "Fermate il treno!" Goe grida ancora più forte. "Il mio cappello è volato via! Fermate il treno!!!"

Intanto, arriva il conduttore per vedere chi è salito sul treno alla stazione precedente.

— "I biglietti, signori!"

Le donne mostrano i loro biglietti al conduttore. Poi gli spiegano perché Goe non ha biglietto. Il suo si trovava sotto il nastro del cappello. Come il cappello è volato via, anche il nastro e il biglietto sono volati via. Però Goe aveva il biglietto...

— "Glielo posso assicurare!" dice la zia Miţa.

Però il conduttore chiede fermamente il biglietto di Goe. Se non ne ha uno, il giovane Goe deve scendere alla prossima stazione. Queste sono le regole. Allo stesso tempo, riceverà una multa.

— "Che colpa ne ha il bambino se il suo cappello è volato via?" chiede la nonna.

- "Perché ha sporto la testa fuori dal finestrino allora? Gliel'ho detto di non sporgere la testa fuori dal finestrino", dice il brutto antipatico con uno sguardo poco gentile.

— "Non sono affari tuoi! Perché ti stai intromettendo?" risponde la zia Miţa all'uomo.

— "Guardi, signora, dovrà pagare un biglietto nuovo", spiega il conduttore.

— "Perché mai dovremmo pagare di nuovo? Non abbiamo già pagato una volta?" chiede la nonna.

— "E in più, una multa."

— "Anche una multa?..."

— "Vedi, questo succede quando non ti comporti bene", dice la mamma, e strattona la mano di Goe.

— "Ma che fai? Sei matta? Non sai quanto è sensibile ?" dice la nonna.

La mamma tira Goe a sé. Mentre il vagone si muove, Goe perde l'equilibrio e sbatte il naso sulla maniglia della porta. Ricomincia a urlare...

Le donne non hanno altra scelta che pagare il biglietto. Ma Goe non ha intenzione di restare a capo scoperto. La nonna si è sempre presa molta cura di lui. Ha portato da casa un berretto in più per il ragazzino. È un berretto "le Formidable", proprio come quello perso.

— "Ti fa ancora male il naso, tesoro?" chiede la nonna.

— "No..." risponde Goe.

— "Vieni, lascia che la nonna ti dia un bacio, il dolore va subito via!"

E lo bacia sulla punta del naso. Poi, gli sistema il berretto sulla testa.

— "Sta proprio bene con questo berretto!" dice la nonna guardandolo con affetto. Poi lo bacia dolcemente.

— "E che cos'è che non gli sta bene?" aggiunge la zia Miţa, e anche lei gli dà un bacio.

— "Oh, andiamo!... Ha perso il cappello nuovo... e il biglietto", dice la mamma con aria contrariata.

— "La sola cosa che conta è che il bambino stia bene!" dice la nonna.

La mamma continua:

— "Non glielo dai un bacio alla mamma?"

— "Non voglio!" esclama Goe scherzando.

— "Ah, no?" dice la mamma. "Come preferisci!"... E si copre gli occhi con le mani facendo finta di piangere.

— "Lo so che stai fingendo!" dice Goe.

La mamma inizia a ridere. Poi tira fuori qualcosa dalla borsa e dice:

— "Chi mi darà un bacio?... Oh guarda!... del cioccolato!"

La mamma bacia Goe, e Goe bacia la mamma. E prendendo un pezzetto di cioccolato, il ragazzino esce di nuovo nel corridoio.

— "Tesoro, non sporgere la testa dal finestrino!... Che bello, che intelligente che è!" dice la nonna.

— "Davvero stupefacente, te lo dico io!" aggiunge la zia Mița.

Mentre fuori Goe mangia il suo cioccolato, le donne continuano a chiacchierare. Il treno continua a viaggiare veloce.

— "Controlla cosa fa il bambino fuori!" dice la mamma alla nonna.

La nonna si alza con qualche difficoltà ed esce nel corridoio:

— "Goe! Tesoro! Goe! Goe!"

Goe non si trova da nessuna parte.

— "Oh, mio Dio!" grida la signora. "Il bambino non c'è! Dov'è il bambino?... Il bambino è sparito!"

Tutte le donne escono di fretta...

— "Il bambino è caduto dal treno! Dio mio, mi sento morire!"

Però, all'improvviso, in mezzo a tutto il rumore del treno, le donne sentono colpi provenienti dalla porta del bagno.

— "Goe! Sei là dentro?"

— "Sì."

— "Esci!" dice la nonna. "Esci subito! Ci hai spaventato."

— "Non posso!" grida Goe dall'interno.

— "Perché?... Ti sei fatto male?"

— "No! Non posso..."

— "È chiusa?" dice la nonna, cercando di aprire la porta dall'esterno.

— "Non posso aprirla!" grida Goe disperatamente.

— "Mio Dio! Il bambino si sta sentendo male lì dentro!"

In quel momento arriva il conduttore e libera Goe. Le tre donne lo baciano come se fosse tornato dopo una lunga assenza.

La nonna decide che sia meglio sorvegliare Goe affinché non gli succeda nient'altro di male.

— "Stai buono, tesoro! Non rompere niente!" dice la nonna...

Goe vede un pezzo di metallo rosso che pende dalla parete, nel corridoio. Ha una maniglia ad un'estremità. Il ragazzino sale su una valigia e tira la maniglia.

Il treno prosegue il suo percorso a grande velocità. All'improvviso, si sente provenire da fuori un forte sibilo, e poi il segnale di allarme. Il treno si ferma bruscamente con una scossa fortissima.

— "Che cos'è stato? Che succede?..."

Tutti i passeggeri vanno alle finestre, alle porte, alle scale...

— "Goe! Tesoro ! Goe!" grida la zia Mița e si precipita fuori dallo scompartimento.

Goe si trova nel corridoio... Perché si è fermato il treno?

Qualcuno, non si sa di quale vagone, ha tirato il freno d'emergenza. Di quale vagone? Il conduttore e il capotreno ispezionano ogni vagone. Chi riesce a indovinare in quale vagone è stata tirata la maniglia?

Strano! Proprio nel vagone da cui prima è volato il cappello da marinaretto! Chi? Chi ha tirato la maniglia?

La nonna dorme a un'estremità del vagone con il ragazzino in braccio. Non è possibile stabilire chi abbia tirato la maniglia.

Il treno finalmente riprende il suo percorso e arriva nella capitale qualche minuto in ritardo. Tutti scendono.

La nonna sistema bene il cappello di Goe. Lo guarda con dolcezza, gli chiede se gli fa ancora male il naso e poi lo bacia con affetto.

Poi le donne e il ragazzino salgono in una carrozza e vanno in città:

— "In centro, cocchiere! In centro!..."

Nuori herra Goe

Jotta nuori Goe ei jäisi luokalleen tänäkin vuonna, mummi, äiti ja Mitsa-täti ovat luvanneet viedä hänet itsenäisyyspäivänä pääkaupunkiin.

Aikaisin aamulla nämä kolme rouvaa, kauniisti pukeutuneina, yhdessä nuoren Goen kanssa, odottavat kärsimättöminä junaa. Junan pitäisi saapua Pohjoiselle Rautatieasemalle kymmentä vaille kahdeksan. Nuori herra Goe on todella levoton.

— Mummi! Miksi se ei jo tule? Minä haluan, että se tulee!

— Kyllä se tulee, muruseni! vastaa rouva.

Sitten mummi suukottaa lapsenlastaan ja korjaa pojan hattua.

Nuorella Goella on päällään hieno merimiesasu. Hatussa on nauha, jonka alle Mitsa-täti oli laittanut pojan matkalipun. Hän selitti, että "niin miehet säilyttävät matkalippuaan."

— Katso nyt kuinka hyvältä hän näyttää *merenmiespuku* päällä, sanoo mummi.

— Äiti, enkö minä sanonut sinulle, että se ei ole *merenmies?*

— No mikä se sitten on?

— *Mertenmies...*

— No! Niin sanottiin minun aikanani, kun lapset alettiin pukea tähän tyyliin — *merenmies.*

— Oletteko te ihan hölmöjä molemmat? keskeyttää nuori Goe. Ei se ole *merenmies* eikä *mertenmies.*

— No, miten sitten, fiksu poika? kysyy Mitsa-täti miellyttävästi hymyillen.

— *Merienmies...*

— Aivan, eivät kaikki ole käyneet kouluja kuten sinä! sanoo mummi.

Sitten hän suukottaa jälleen lapsenlastaan ja asettaa merimieshatun uudelleen. Mutta enää ei ole aikaa juttelulle. Juna saapuu eikä odota kauaa.

Juna on täynnä... Muutama kohtelias nuori tekee tilaa rouville, jotta he pääsevät istumaan. Juna lähtee. Goe ei halua tulla hyttiin rouvien kanssa, vaan jää käytävälle miesten seuraan.

— Ei! Et saa laittaa päätäsi ulos ikkunasta, pikkupoika! sanoo yksi käytävän nuorista miehistä Goelle ja nykäisee häntä himpun verran takaisin päin.

— Anna minun olla, rumilus! sanoo pikkupoika rimpuillen.

Goe irvistää rumilukselle ja työntää taas päänsä ulos ikkunasta. Rumilus ei edes ehdi vastata, kun poika vetää hatuttoman päänsä sisään kauhistuneena ja alkaa huutaa.

— Äitiii! Mummiii! Tätiii!

— Mikä on hätänä? Mikä on hätänä? rouvat kysyvät huolestuneina.

— Pysäyttäkää juna! Goe huutaa vielä kovempaa. Hattuni lensi ulos! Pysäyttäkäää juna!!!

Juuri silloin konduktööri saapuu paikalle katsomaan edelliseltä asemalta kyytiin nousseiden liput.

— Tarkastetaan matkaliput, herrasväki!

Rouvat näyttävät omat lippunsa. Sitten he selittävät, miksi Goella ei ole lippua. Hänen lippunsa oli hatun nauhan alla. Ja kun hattu lensi ulos, lensivät mukana myös nauha ja lippu. Mutta Goella oli kyllä ollut lippu...

— Vakuutan teille, minä sen lipun ostin! sanoo Mitsa-täti.

Konduktööri pysyy kuitenkin tiukkana ja pyytää nähdä Goen lipun. Jos lippua ei ole, täytyy nuoren herra Goen jäädä seuraavalla asemalla pois kyydistä. Niin lukee säännöissä. Ja tästä hyvästä seuraisi vielä sakotkin.

— Mihin poika on syyllistynyt, jos hänen hattunsa lensi kyydistä? kysyy mummi.

— Miksi hän meni laittamaan päänsä ulos ikkunasta? Minä sanoin hänelle, ettei laittaisi päätään ulos ikkunasta! sanoo rumilus epäystävällisesti.

— Se ei kuulu teille! Miksi puututte toisten asioihin? sanoo Mitsa-täti rumilukselle...

— Kuulkaa, rouva — selittää konduktööri — teidän täytyy maksaa yksi lippu.

— Täytyykö meidän maksaa uudelleen? Emmekö me maksaneet jo kerran? kysyy mummi.

— Ja lipun lisäksi sakot.

— Lipun lisäksikö?

— Näetkö miten käy, kun et ole kunnolla? sanoo äiti ja ravistaa poikaa kädestä.

— Mitä sinä oikein teet? Oletko päästäsi vialla? Etkö tiedä kuinka herkkä hän on? sanoo mummi.

Äiti vetää Goea lähemmäksi itseään. Mutta, koska vaunu liikkuu, Goe menettää tasapainonsa ja lyö nenänsä oven kahvaan. Hän alkaa huutaa...

Rouville ei jää muuta vaihtoehtoa kuin maksaa lippu. Mutta Goen pää ei jääkään paljaaksi. Mummi pitää aina hyvää huolta pojasta. Hän oli ottanut mukaan toisenkin merimieshatun, kaiken varalta. Hattu on samanlainen kuin se, joka äsken hukkui.

— Sattuuko sinua vielä nenään, muruseni? kysyy mummi.

— Ei... vastaa Goe.

— Tule, mummi antaa pusun, niin se paranee!

Ja hän pussaa Goen nenänpäätä. Sitten mummi asettaa merimieshatun siististi pojan päähän.

— Ihan kuin poika näyttäisi paremmalta tämä hattu päässä!... mummi sanoo ja katsoo poikaa rakkaudella. Sitten hän suukottaa lasta hellästi.

— Mikä päässä poika ei näyttäisi hyvältä? lisää Mitsa-täti. Sitten hänkin suukottaa poikaa.

— No, hei! Hän hukkasi uuden hattunsa... ja lipun, sanoo äiti teeskennellen todella loukkaantunutta.

— Vain sillä on merkitystä, että poika on terve! sanoo mummi.

Äiti jatkaa:

— Mutta äidillekö et halua antaa pusua?

— En! sanoo Goe leikkisästi.

— Etkö? sanoo äiti. No ei sitten! Hän peittää silmänsä käsillään ja esittää itkevänsä.

— Tiedän, että teeskentelet! sanoo Goe.

Äiti alkaa nauraa. Sitten hän ottaa jotain pussukasta ja sanoo:

— Kuka antaa minulle pusun... Katso!... Suklaata!

Äiti antaa suukon Goelle ja Goe äidille. Poika ottaa palan suklaata ja menee taas käytävään.

— Muruseni, älä enää laita päätäsi ulos ikkunasta!

Sillä aikaa kun Goe syö suklaata hytin ulkopuolella, rouvat jutustelevat keskenään. Juna jatkaa kulkuaan.

— Mene katsomaan mitä poika tekee! äiti sanoo mummille.

Mummi nousee ylös vaivalloisesti ja astuu käytävälle:

— Goe! Muruseni! Goe! Goe!

Goea ei näy missään.

— Herranjestas! rouva huutaa. En löydä poikaa. Missä poika on?... Poika katosi!

Niin rouvat kiirehtivät hytistä käytävälle...

— Poika putosi junasta! Herranjestas, kuolen!

Mutta yhtäkkiä, junan melun yli, kuuluu kolinaa vessan oven takaa.

— Goe! Oletko siellä?

— Joo.

— Tule pois! sanoo mummi. Tule nyt ulos sieltä! Pelästytit meidät.

— En voi! Goe kiljuu vessasta.

— Miksi? Onko sinulla huono olo?

— Ei! En saa...

— Se on lukossa! sanoo mummi yrittäen avata ovea ulkopuolelta.

— En saa ovea auki! Goe huutaa epätoivoisesti.

— Herranjestas! Pojalle tulee huono olo tuolla sisällä!

Juuri silloin konduktööri saapuu paikalle ja päästää Goen vapaaksi. Rouvat suukottavat poikaa kuin pitkänkin eron jälkeen.

Mummi päättää, että on parempi seurata Goea, jotta ei enää sattuisi mitään.

— Ole kunnolla, muruseni! Älä vaan riko mitään! sanoo mummi...

Goe huomaa käytävän seinällä palan punaista metallia, jonka päässä on kahva. Poika kiipeää matkalaukun päälle ja vetää kahvasta.

Juna seuraa reittiään kovalla nopeudella. Mutta yhtäkkiä kuuluu veturin pillin vihellys ja sitten hälytysääni. Juna tekee äkkijarrutuksen ja pysähtyy voimakkaasti rysähtäen.

— Mitä nyt? Mitä tapahtuu?

Kaikki matkustajat säntäävät pelästyneinä ikkunoille, oville ja portaille...

— Goe! Muruseni! Goe! huutaa Mitsa-täti ja kiirehtii ulos hytistä.

Goe on käytävällä... Miksi juna oikein pysähtyi?

Joku, ei tiedetä mistä vaunusta, veti hätäjarrusta. Mutta missä vaunussa? Konduktööri ja junan päällikkö tutkivat jokaisen vaunun. Kuka arvaa, missä vaunussa hätäjarrusta vedettiin?

Kummallista! Hätäjarrua vedettiin juurikin siinä vaunussa, josta aikaisemmin lensi merimieshattu ikkunasta. Kuka se oli? Kukahan hätäjarrusta oikein veti?

Mummi nukkuu vaunun päädyssä lapsonen sylissään. Kukaan ei voi saada selville, kuka junan hätäjarrusta on lopulta vetänyt.

Juna lähtee vihdoinkin liikkeelle ja saapuu pääkaupunkiin muutaman minuutin myöhässä. Kaikki nousevat pois kyydistä.

Mummi korjaa Goen hattua. Hän katsoo poikaa hellästi, kysyy sattuuko häntä vielä nenään ja antaa hänelle suukon poskelle.

Sitten rouvat nousevat pojan kanssa hevoskärryihin ja lähtevät kaupunkiin.

— Keskustaan, ajuri! Keskustaan!...

El Señorito Goe

Para que el joven Goe no volviera a repetir un curso este año, la abuela, la mamá y la tía Miţa prometieron llevarlo a la capitala para el feriado del Día Nacional.

Temprano por la mañana, las tres damas, muy bien vestidas, junto con el joven Goe, esperan impacientes el tren. El tren llegará a la Estación del Norte diez minutos antes de las ocho de la mañana. El señorito Goe está muy impaciente:

— "¡Abuela! ¿Por qué no viene el tren?... ¡Quiero que venga!"

— "Llegará pronto, cariño", responde la señora.

Luego besa a su nieto y le ajusta el sombrero en la cabeza.

El joven Goe lleva un bonito traje de marinero. Su sombrero tiene una cinta donde pone "le Formidable." La tía Miţa colocó el billete de tren de Goe debajo de la cinta de su sombrero. Ella explicó que "así es como los hombres guardan sus billetes."

— "¿Ves lo bien que le queda el traje de *marinelo?*" dice la abuela.

— "Madre, ¿no te dije que no es *marinelo?*"

— "¿Cómo se dice entonces?"

— "*Marineiro...*"

— "¡Ja! Así lo llamaban en mi época cuando apareció este tipo de moda para niños: *marinelo.*"

— "¿Veis lo tontas que sois las dos?" interrumpe el joven Goe. "No se pronuncia *marinelo* ni *marineiro.*"

— "¿Pero cómo entonces, niño listo?" pregunta la tía Miṭa con una sonrisa comprensiva.

— "*Marenero...*"

— "¡Bueno, no todo el mundo ha recibido una educación como la tuya!" dice la abuela. Luego vuelve a besar a su nieto y le vuelve a encajar el sombrero de marinero.

Pero no hay tiempo para más debates, el tren está llegando y no se quedará por mucho tiempo.

El tren está lleno... Algunos jóvenes educados dejan espacio para que las señoras se sienten. El tren empezó a moverse. La abuela enciende un cigarrillo. Goe no desea entrar al compartimiento con las damas, quiere estar con los pasajeros masculinos en el pasillo del vagón.

— "¡No!... no puedes asomar la cabeza por la ventana, pequeño", le dice uno de los jóvenes al señorito Goe y lo tira ligeramente hacia atrás.

— "¿A ti qué te importa, feo?" dice el niño, alejándose.

Goe le hace una mueca al hombre feo y vuelve a asomar la cabeza. Antes de que el hombre feo pudiera responder, el niño metió la cabeza descubierta para dentro aterrorizado y comenzó a gritar.

— "¡Mamiii! ¡Abuelaaa! ¡Tíaaa!"

— "¿Qué? ¿Qué?" intervienen las señoras.

— "¡Detengan el tren!" Goe gritó aún más fuerte. "¡Mi sombrero se fue volando! ¡¡¡Detengan el tren!!!"

Mientras tanto, llega el revisor para ver quién se subió al tren en la estación anterior.

— "¡Los billetes, señores!"

Las damas le muestran al revisor sus billetes. Luego explican por qué Goe no tiene un billete. El suyo estaba pegado a la cinta de su sombrero. Como su sombrero se fue volando, también lo hizo el billete. Pero Goe tenía un billete...

— "Te lo digo sinceramente, ¡lo compré yo misma!" dice la tía Miţa.

Pero el revisor solicita firmemente el billete de Goe. Si no tiene uno, el señorito Goe debe bajarse en la siguiente estación. Esas son las reglas. También recibirá una multa de 7 lei y 50 bani.

— "¿Qué culpa tiene el niño, si se le escapó el sombrero?" pregunta la abuela.

— "¿Por qué sacó la cabeza por la ventana? le dije que no asomara la cabeza por la ventana", dice el hombre feo con una mirada poco amable.

— "¡No es asunto tuyo! ¿Por qué te metes en esto?" la tía Miţa le responde al hombre.

— "Mire señora, tendrá que pagar un billete nuevo", explica el revisor.

— "¿Por qué deberíamos pagar de nuevo? ¿No pagamos ya una vez?" pregunta la abuela.

— "Y además, otro leu y 25 bani."

— "¿Aún encima?..."

— "Mira, esto es lo que pasa cuando no te portas bien", dice mami, y sacude a Goe por la mano.

— "¿Qué estás haciendo? ¿Estás loca? ¿No sabes lo sensible que es?" dice la abuela.

Mami tira de Goe hacia ella. Mientras el vagón del tren se mueve, Goe pierde el equilibrio y se golpea la nariz con el pomo de la puerta. Empieza a gritar...

Las mujeres no tienen más remedio que pagar el billete. Pero Goe no se quedará con la cabeza descubierta. La abuela siempre lo cuida mucho. Le trajo al niño una boina extra de casa. Es una boina "le Formidable", como el sombrero perdido.

— "¿Todavía te duele la nariz, cariño?" pregunta la abuela.

— "No..." responde Goe.

— "¡Ven, deja que la abuela te dé un beso, el dolor se irá!"

Y lo besa en la punta de la nariz. Luego, le pone la boina en la cabeza.

— "¡Se ve mejor con boina!" dice la abuela mirándolo con cariño. Luego lo besa dulcemente.

— "¿Qué no le queda bien?" la tía Miţa añade y le da un beso también.

— "¡Bueno, vamos!... Se le perdió el sombrero nuevo... y el billete", dice mami fingiendo estar muy disgustada.

— "¡Lo único que importa es que esté sano!" dice la abuela. Mami continúa:

— "¿No le das un beso a mami?"

— "¡No quiero!" Goe exclama en broma.

— "¿Ah, no?" dice mami. "¡Que así sea!"... Y se tapa los ojos con las manos y finge llorar.

— "¡Sé que estás fingiendo!" dice Goe.

Mami empieza a reír. Luego saca algo de su bolso y dice:

— "¿Quién me va a dar un beso?... ¡Mira!... ¡Chocolate!"

Mami besa a Goe y Goe besa a mami. Y tomando el trozo de chocolate, el niño vuelve a salir al pasillo.

— "¡Cariño, no saques la cabeza por la ventana!... ¡Qué bueno, qué inteligente es!" dice la abuela.

— "¡Da mucho miedo, te lo digo yo!" añade la tía Miţa.

Mientras Goe come su chocolate fuera, las damas continúan charlando. El tren sigue avanzando.

— "¡Mira lo que hace el niño afuera!" le dice mami a la abuela.

La abuela se levanta con dificultad y sale al pasillo:

— "¡Goe! ¡Querido! ¡Goe! ¡Goe!"

Goe no está en ninguna parte.

— "¡Oh, Dios mío! gritó la señora. ¡El niño no está en ninguna parte! ¿Dónde está el niño?... ¡El niño ha desaparecido!"

Y todas las damas salen corriendo...

— "¡El chico se cayó del tren! ¡Ay de mí!"

Pero de repente, con todo el ruido del tren, las damas escuchan golpes provenientes de la puerta del baño.

— "¡Goe! ¿Estás ahí?"

— "Sí."

— "¡Sal!" dice la abuela. "¡Sal de una vez! Nos asustaste."

— "¡No puedo!" grita Goe desde adentro.

— "¿Por qué?... ¿Te sientes mal?"

— "¡No! No puedo..."

— "¿Está cerrada?" dice la abuela, tratando de abrir la puerta desde afuera.

— "¡No puedo abrirla!" gritó Goe desesperado.

— "¡Ay Dios mío! ¡El niño se está enfermando dentro!"

En ese momento, llega el revisor y libera a Goe. Las tres damas lo besan como si fuera después de una larga ausencia.

La abuela decide que es mejor vigilar a Goe para que no

le vuelva a pasar nada malo. Goe ve un trozo de metal rojo que cuelga de la pared, en el pasillo. Tiene un asa en el otro extremo. El niño se pone de pie sobre su maleta y tira del asa.

— "¡Tranquilo, cariño! ¡No rompas nada!" dice la abuela...

El tren sigue su curso a gran velocidad. Pero de repente, un fuerte silbido viene del exterior, luego escuchan la señal de alarma. El tren se detiene abruptamente con una fuerte sacudida.

— "¿Qué es? ¿Qué pasó?..."

Todos los pasajeros van a las ventanas, a las puertas, a las escaleras...

— "¡Goe! ¡Querido! ¡Goe!" grita la tía Miṭa y sale corriendo del compartimento.

Goe está en el pasillo... ¿Por qué se detuvo el tren?

Alguien, no se sabe de qué vagón, usó el freno de emergencia. ¿De qué vagón? El conductor y el jefe del tren inspeccionan cada vagón. ¿Quién puede adivinar en qué vagón se tiró de la manija? ¡Extraño! ¡Exactamente en el coche desde donde voló antes el sombrero de marinero! ¿Quién? ¿Quién tiró de la manija? La abuela duerme en un extremo del vagón con el niño en brazos. Nadie puede saber quién tiró de la manija.

El tren finalmente reanuda su curso y llega a la capital con un retraso de unos minutos. Todos se bajan. La abuela le ajusta bien el sombrero a Goe en la cabeza. Lo mira con cariño, le pregunta si todavía le duele la nariz y luego lo besa dulcemente.

Luego las damas y el niño suben a un carruaje tirado por caballos y se van a la ciudad:

— "¡Al centro, conductor! ¡Al centro!..."